BEI GRIN MACHT SICH IHR WISSEN BEZAHLT

AF135966

- Wir veröffentlichen Ihre Hausarbeit,
  Bachelor- und Masterarbeit

- Ihr eigenes eBook und Buch -
  weltweit in allen wichtigen Shops

- Verdienen Sie an jedem Verkauf

Jetzt bei www.GRIN.com hochladen und kostenlos publizieren

GRIN

Gesundheitsorientiertes Krafttraining. Trainingserstellung mit dem Ziel einer Gewichts- und Schmerzreduktion

Cem Harmanci

Bibliografische Information der Deutschen Nationalbibliothek:

Die Deutsche Nationalbibliothek verzeichnet diese Publikation in der Deutschen Nationalbibliografie; detaillierte bibliografische Daten sind im Internet über http://dnb.d-nb.de abrufbar.

ISBN: 9783346331618
Dieses Buch ist auch als E-Book erhältlich.

Druck und Bindung: Books on Demand GmbH, Norderstedt Germany
Gedruckt auf säurefreiem Papier aus verantwortungsvollen Quellen

Das vorliegende Werk wurde sorgfältig erarbeitet. Dennoch übernehmen Autoren und Verlag für die Richtigkeit von Angaben, Hinweisen, Links und Ratschlägen sowie eventuelle Druckfehler keine Haftung.

Das Buch bei GRIN: https://www.grin.com/document/980127

Cem Harmanci

Trainingslehre

Einsendeaufgabe

Einsendeaufgabe

Fachmodul: Trainingslehre 1

Studiengang: Bachelor of Arts Fitnessökonomie

Name, Vorname: Harmanci, Cem

Studienort: **Hamburg**

Semester: **SS 2020**

Inhaltsverzeichnis

1 Diagnosedaten

1.1 Allgemeine und biometrische Daten

Tab.1: Biometrische Daten (eigene Darstellung)

Alter:	47 Jahre
Geschlecht:	männlich
Körpergröße:	173 cm
Körpergewicht:	95,5 kg
Trainingsmotive:	Gewichtsreduktion, Beseitigung von Rücken- und Schulterschmerzen
Berufliche Tätigkeit:	Büroarbeit (sitzende Tätigkeit)
Aktuelle sportliche Tätigkeiten:	Fußball 1x pro Woche bei den Alten Herren für 90 Minuten
Frühere sportliche Tätigkeiten:	Fußball für 23 Jahre 4x pro Woche leistungsbezogen vom 9. bis zum 33. Lebensalter
Zeitlicher Verfügungsrahmen:	2x pro Woche 60 Minuten
Orthopädische Probleme:	Schulter- und Rückenprobleme ohne ärztlichen Befund
Internistische Probleme:	Leicht erhöhter Blutdruck
Ärztliche Behandlungen:	/
Medikamente:	/
Sonstige gesundheitliche Einschränkungen:	/
Blutdruck:	141/90 mmHg
Normwerte Blutdruck:	120 – 129 mmHg SYS. 80 – 84 mmHg DIA.

Im Anamnesegespräch werden zuerst die allgemeinen Daten der Testperson erhoben. Anschließend wird eine Bioimpedanzanalyse im Rahmen einer Leistungsdiagnostik durchgeführt. Die Körpergröße und das Körpergewicht der Testperson ergeben ein Body-Mass-Index von 31,9 kg/m^2. Der Normalbereich des Body-Mass-Indexes liegt zwischen 18,5 und 25 kg/m^2. Damit liegt die Testperson im überdurchschnittlichen Bereich und ist unter Betrachtung des gemessenen Körperfettanteils als adipös einzustufen, da der Körperfettanteil 30,6% beträgt, was verglichen mit dem Durchschnitt im hohen Bereich liegt. Aus dem Anamnesegespräch wurden zudem Wünsche und Trainingsmotive herausgestellt, um gemeinsam mit der Testperson spezifische Trainingsziele festzulegen. Diese sind in Tab.3 dargestellt.

Ärztliche Untersuchungen der Schulter- und Rückenschmerzen ergaben keine Hinweise struktureller Veränderungen. Die Blutdruckmessung ergab einen Blutdruck von 141/90 mmHg. Verglichen mit den Normwerten des Blutdrucks liegt die Testperson im Bereich der arteriellen Hypertonie Stufe 1, so dass eine Reduktion des Blutdrucks als eines der Trainingsziele definiert wird. Da die Testperson weiter keine gesundheitlichen Einschränkungen aufweist, ist sie unter Beachtung des leicht erhöhten Blutdrucks vollständig belast- und trainierbar.

1.2 Krafttestung

Tab.2: Krafttest vor Mesozyklus 1 (eigene Darstellung)

Testübungen	Wdh.	1.Testsatz	2.Testsatz	3.Testsatz	Ergebnis
Beinpresse im 45° Winkel	20	60 kg	70 kg	80 kg	80 kg
Beinbeuger	20	25 kg	30 kg	35 kg	35 kg
Rudern	20	30 kg	35 kg	40 kg	40 kg
Brustpresse	20	40 kg	50 kg	/	50 kg
Bauchpresse	20	20 kg	25 kg	/	25 kg
Butterfly reverse sitzend	20	20 kg	25 kg	30 kg	30 kg
Außenrotation am Kabelzug	20	5 kg	10 kg	/	10 kg

Vor Beginn des Krafttests findet ein allgemeines Aufwärmen wie zum Beispiel durch Laufen am Laufband und vor jeder Krafttrainingsübung ein spezifisches Aufwärmen der zu beanspruchenden Muskulatur statt. Dafür können am jeweiligen Trainingsgerät einige Wiederholungen mit leichtem Gewicht eingeschätzt nach der Wanner-Skala durchgeführt werden. Durch das allgemeine Aufwärmen der Muskulatur und der Gelenkstrukturen wird die Körperkerntemperatur erhöht, das Herz-Kreislauf-System mobilisiert, Verletzungen vorgebeugt und auch psychisch auf das Training eingestimmt. Ein weiterer Effekt ist, dass eine vermehrte Produktion von Synovialflüssigkeit in den Gelenken stattfindet, was auch, durch die Zunahme der Gleitfunktion, das Verletzungsrisiko vermindert. Das spezielle Aufwärmen bereitet zusätzlich die beteiligten Muskelgruppen und Gelenkstrukturen der folgenden Belastung vor. Hierbei sollte beachtet werden, dass ein zu intensives oder zu langes Dehnen vor der anschließenden Kraftbelastung kontraproduktiv sein kann (Wiemann & Kampöfner, 1995). Daher wird eher ein kurzes aktiv-dynamisches Dehnen vor der Trainingseinheit empfohlen.

1.2.1 Auswahl des Krafttestverfahrens

Unter der Annahme, dass eine Orientierungsphase bereits stattgefunden hat, wird hier ein Mehrwiederholungskrafttest durchgeführt, um das optimale Trainingsgewicht für den Mesozyklus 1 zu ermitteln. Es handelt sich hierbei um einen 20-RM-Test nach der ILB-Methode (Individuelle-Leistungsbild-Methode).

Nach dem Aufwärmen, bei dem der Körper auf die folgende Belastung vorbereitet wird, kann der Krafttest beginnen. Mit einem nach der Wanner-Skala subjektiv eingeschätzten Gewicht, absolviert die Testperson die vorgegebenen 20 Wiederholungen am Gerät. Hierbei wird mit einer Time under Tension von 2/0/2 trainiert. Das heißt, dass die Testperson die exzentrische Bewegung in 2 Sekunden und die konzentrische Bewegung ebenfalls in 2 Sekunden durchführt. Am Umkehrpunkt wird das Gewicht nicht isometrisch gehalten, sodass es bei einer flüssigen Bewegungsausführung bleibt. Wenn die Testperson 20 Wiederholungen im ersten Testsatz erreicht, wird nach einer 60-sekündigen Pause das Testgewicht nach subjektivem Empfinden der Testperson um 5%, 10% oder 25% erhöht. Im zweiten oder falls nötig im dritten Testsatz sollte ein Gewicht bestimmt werden, dass von der Testperson gerade noch so in technisch korrekter Ausführung mit 20 Wiederholungen bewältigt werden kann. Wenn das der Fall ist, wurde das Testergebnis für die absolvierte Trainingsübung ermittelt, mit dem im weiteren Verlauf der Trainingssteuerung gearbeitet werden kann.

Im Hinblick auf den aktuellen Leistungs- und Gesundheitszustand der Testperson ist der Mehrwiederholungskrafttest sehr gut geeignet, da dieser Krafttest im Vergleich zum 1-RM-Test (Maximalkrafttest) mit einer geringeren Intensität durchgeführt wird und somit das Verletzungsrisiko deutlich geringer ist.

Da die Testperson als Trainingsbeginner einzustufen ist, ist ein 1-RM-Test nicht zu empfehlen. Bei dieser Krafttestmethode ist das Verletzungsrisiko bei Trainingsbeginnern aufgrund der sehr hohen Belastungen ohne Krafttrainingserfahrung sowie auch die mentale

Belastung zu hoch. Somit stellt sich der X-RM-Test nach der ILB-Methode als die geeignete Krafttestmethode für die Testperson heraus, bei der das maximal zu bewältigende Gewicht für die Wiederholungszahl getestet wird, mit der auch im weiteren Verlauf der Trainingssteuerung trainiert wird.

1.2.2   Schlussfolgerung für die weitere Trainingssteuerung

Die ermittelten Krafttestergebnisse sind für die weitere Trainingssteuerung von hoher Relevanz. So können mit diesen Krafttestergebnissen die Trainingsgewichte im Mesozyklus berechnet und später mit den Kraftwerten der folgenden Mesozyklen verglichen werden. Die Dokumentation der individuellen Leistungsentwicklung ermöglicht somit, die zu erzielende Leistungssteigerung sicherzustellen und diese der Testperson transparent aufzeigen zu können. Das Aufzeigen von bereits erreichten Verbesserungen und Erfolgen hält die Trainingsmotivation aufrecht, was wichtig ist, um langfristig Leistungsentwicklungen zu fördern.

Ein Vergleich der individuellen Kraftwerte mit Norm- bzw. Referenzdaten ist nicht möglich, da zu viele Einflussfaktoren einwirken und jede Person in Hinblick auf biometrische Daten, Leistungs- sowie Gesundheitszustand individuell zu betrachten ist und so kein aussagekräftiger Vergleich gezogen werden kann.

Die Ableitung der individuellen Trainingsintensitäten aus den Testdaten ermöglicht also eine auf die Testperson abgestimmte und zielgerichtete Trainingssteuerung.

2 Zielsetzung/Prognose

Tab.3: Zielsetzung (eigene Darstellung)

	Inhalt	Ausmaß	Zeit
Ziel 1	Gewichtsreduktion	6 kg	6 Monate
Ziel 2	Reduktion der Rücken- und Schulterschmerzen	VAS – Skala von 7 auf 3	6 Monate
Ziel 3	Senkung des Blutdrucks	Blutdrucksenkung um: 10 mmHg systolisch 5 mmHg diastolisch	6 Monate
Begründung Ziel 1	Gewichtsreduktion mit dem Ziel den BMI um eine Stufe zu reduzieren, also von Adipositas vorerst zu Übergewicht zu gelangen und somit das Wohlbefinden und den Gesundheitszustand zu verbessern.		
Begründung Ziel 2	Reduktion der Schulter- und Rückenschmerzen mit dem Ziel das Wohlbefinden und die Gesundheit der Testperson zu verbessern. Das Schultergelenk soll stabilisiert werden, indem die Rotatorenmanschette gestärkt wird, um die uneingeschränkte Belastbarkeit der Schulter im Alltag wiederherzustellen. Die Rückenmuskulatur soll gestärkt werden, um die uneingeschränkte Belastbarkeit des Rückens im Alltag wiederzustellen. Des Weiteren soll die Schmerzreduktion für eine Verbesserung der Sitzqualität bei langem Sitzen im Arbeitsalltag der beruflichen Tätigkeit sorgen.		
Begründung Ziel 3	Senkung des Blutdrucks mit dem Ziel die allgemeine Gesundheit, die Leistungsfähigkeit und die Belastbarkeit der Testperson im Alltag zu verbessern.		

Aus dem zu Beginn geführten Anamnesegespräch ergaben sich die in Tab.3 dargestellten Ziele und Wünsche der Testperson. Besonders zum Ausdruck gekommen ist, dass die Testperson ihr Übergewicht verlieren, also ihren Körperfettanteil reduzieren will. Mit dem Trainingsplan des Makrozyklus von 6 Monaten wird eine Körperfettreduktion von 250 Gramm pro Woche als realistisches Ziel angestrebt, um so nach dem Makrozyklus eine Körperfettsreduktion von 6 Kilogramm zu erlangen.

Auch die Schulter- und Rückenschmerzen sollen stark vermindert werden. Dieses Ziel soll durch eine Stärkung der Schultermuskulatur, insbesondere der Rotatorenmanschette, und durch eine Kräftigung der Rumpfmuskulatur erreicht werden. Die Schulterschmerzen könnten durch eine nachinnenrotierte Schulter verursacht werden. Dem kann durch eine Stärkung der Rotatorenmanschette entgegengewirkt werden. So soll durch die Stabilisierung des Schultergelenks eine Schmerzlinderung erzielt werden.

Die Rückenschmerzen könnten durch den Mangel an Bewegung und das zusätzlich beruflich bedingte lange Sitzen verursacht werden. Durch die Stärkung der Rumpfmuskulatur soll eine bessere Haltung und eine Stabilisierung der Wirbelsäule erreicht werden.

Eine Verbesserung soll anhand einer Reduktion von 7 auf 3 Skala-Punkten in der VAS - Skala in 6 Monaten bemessen werden, was als realistisches Ziel zu betrachten ist. Als drittes Trainingsziel soll eine Reduktion des Blutdrucks erreicht werden, um aus dem Bereich der arteriellen Hypertonie Stufe 1 zu kommen und die Normotonie wiederzulangen. Dabei ist eine Blutdrucksenkung um 10 mmHg systolisch und 5 mmHg diastolisch in 6 Monaten ein realistisches Ziel. Der leicht erhöhte Blutdruck beeinflusst die Leistungsfähigkeit der Testperson nur geringfügig, so dass die Testperson weitesgehend belastbar und trainierbar ist. Diese Maßnahme soll dazu beitragen, die Gesundheit der Testperson im Allgemeinen zu verbessern und langfristig die körperliche Leistungsfähigkeit zu sichern.

3   Trainingsplanung Makrozyklus

Tab.4: Makrozyklus (eigene Darstellung)

	Mesozyklus 1	Mesozyklus 2	Mesozyklus 3	Mesozyklus 4
Dauer:	6 Wochen	6 Wochen	6 Wochen	6 Wochen
Trainingsziel:	Kraftausdauertraining	Kraftausdauertraining	Übergangstraining	Muskelaufbautraining (extensiv)
Einheiten/Woche:	2	2	2	2
Organisationsform:	GK/Station	GK/Station	GK/Station	GK/Station
Übungen/Muskelgruppe:	1-2	1-2	1-2	1-2
Sätze/Übung:	2	2	2	2
Satzpausen:	45 sek.	40 sek.	60 sek.	60 sek.
Wiederholungen:	20	20	15	12
Intensität:	50 – 70 % ILB	50 – 70 % ILB	60 – 80 % ILB	60 – 80% ILB
Bewegungstempo:	2 – 0 – 2	2 – 0 – 2	2 – 0 – 2	2 – 0 – 2

Der Makrozyklus umfasst die vier Mesozyklen von je 6 Wochen und hat damit eine Gesamtdauer von 6 Monaten. In diesen 6 Monaten werden in Abstimmung mit dem zeitlichen Verfügungsrahmen der Testperson 2 Trainingseinheiten pro Woche mit je 60 Minuten absolviert. Die Trainingsdauer sollte pro Trainingseinheit die 60 Minuten auch nicht überschreiten, da sonst der Cortisolspiegel zu hoch ist, was sich negativ auf den Fettstoffwechsel der Testperson auswirken würde. So wird nach der Trainingseinheit ein kurzes Cool-Down durchgeführt, um den Cortisolspiegel zu senken und somit den erzeugten Stress des Körpers zu reduzieren.

2 Trainingseinheiten pro Woche sind für die Testperson als Trainingsbeginner ausreichend, um eine Kraftsteigerung und damit einhergehend Adaptionen des Körpers hervorzurufen. Nach Wirth, Aatzor und Schmidtbleicher (2007) kann schon eine Krafttrainingseinheit pro Woche mit dem Ziel Muskelaufbau für signifikante Muskelmassezuwächse sorgen. Bei zwei Trainingseinheiten pro Woche können sogar noch deutlich größere Muskelzuwächse erzielt werden. Nach dem Prinzip der Dauerhaftigkeit und Kontinuität kommt es im Fitness- und Gesundheitssport zudem eher darauf an regelmäßig zu trainieren als auf die Höhe der einzelnen Trainingsbelastungen (Eisenhut & Zintl, 2013, S.16). Zu beachten ist jedoch, dass es sich bei der Höhe der Belastung um einen überschwelligen Trainingsreiz handelt, um Anpassungserscheinungen zu erzielen, was durch den Krafttest und die progressive Erhöhung der Trainingsintensität gesichert ist (Grosser, Brüggemann & Zintl, 1986, S.46). Des Weiteren wurde gezeigt, dass durch regelmäßiges Krafttraining der Ruheblutdruck positiv beeinflusst werden kann (Graves & Franklin, 2001, S. 242).

Als Organisationsform wurde für diesen Makrozyklus ein Ganzkörpertraining in Form von Stationen gewählt, da das für die Testperson unter Berücksichtigung der Leistungsstufe und des leicht erhöhten Blutdrucks am besten geeignet ist. Ein weiterer Grund für diese Auswahl ist, dass Bänder, Sehnen, Knorpel im Vergleich zu Muskeln bis zu einem Jahr brauchen, um sich an die Trainingsreize anzupassen. Damit wäre eine intensivere Trainingsform wie zum Beispiel das Split-Training ungeeignet und die Überlastungs- sowie Verletzungsgefahr zu groß. Zudem wird beim Ganzkörpertraining sichergestellt, dass alle Hauptmuskelgruppen pro Trainingseinheit zweimal in der Woche belastet werden. Das Training an Stationen sorgt für ausreichende Pausen zwischen dem Wechsel der Trainingsgeräte, was ein zu starkes Ansteigen des Blutdrucks im Vergleich zu einem Zirkeltraining verhindern soll. Es werden 1-2 Übungen pro Muskelgruppe mit 2 Sätzen pro Übung eingeplant. Damit wird bei jeder Übung ein trainingswirksamer Reiz gesetzt ohne jedoch die Testperson zu überlasten. Die Satzpausen sind so gewählt, dass der Testperson ausreichend Zeit zur Regeneration geboten wird ohne eine trainingswirksame Reissetzung zu vermindern.

3.1 Erklärung der Mesozyklen

Vor jedem Mesozyklus wird ein X-RM-Test nach der ILB-Methode durchgeführt, um das ideale Trainingsgewicht für diesen Zyklus zu bestimmen. So wird zudem von Mesozyklus zu Mesozyklus eine Leistungssteigerung der Testperson sichergestellt. Neben den Trainingsgewichten sind die Satzpausen sowie die Wiederholungszahlen zu verändernde Belastungsparameter, um die Trainingsintensität zu erhöhen und eine stetige Progression zu sichern.

3.1.1 Mesozyklus 1

Der erste Mesozyklus hat die Steigerung der Kraftausdauer als Trainingsziel. Diese Trainingsform ist sehr gut für die Testperson als Trainingsbeginner geeignet, da hierbei mit geringer Intensität und hoher Wiederholungsanzahl trainiert wird. Damit wird die Testperson nicht überbelastet und trainiert zuerst die Bewegungsausführung am Gerät und die intermuskuläre Koordination.

3.1.2 Mesozyklus 2

Der zweite Mesozyklus gleicht weitesgehend dem ersten Mesozyklus, lediglich die Satzpausenzeit wird auf 40 Sekunden reduziert und die Intensität leicht erhöht, um die Testperson neuen Trainingsreizen auszusetzen, was zu weiteren Adaptionen führt.
Die Time under Tension von 2 zu 0 zu 2 wird beibehalten und während des ganzen Makrozyklus gehalten. Dieses Bewegungstempo von 4 Sekunden für jede Wiederholung, 2 Sekunden konzentrisch und 2 Sekunden exzentrisch, ist typisch für das Kraftausdauertraining und wird auch für die letzten beiden Mesozyklen übernommen, um der Testperson den Umstieg auf das Muskelaufbautraining zu vereinfachen.

3.1.3 Mesozyklus 3

Beim dritten Mesozyklus wurde schließlich ein Übergangstraining als Trainingsmethode gewählt. Das Übergangstraining stellt wie der Name schon sagt den Übergang zum Muskelaufbautraining her und stellt die Testperson diesbezüglich darauf ein, dass die Wiederholungszahlen reduziert und die Trainingsintensität durch Steigerung des Trainingsgewichtes erhöht wird.

3.1.4 Mesozyklus 4

Das Muskelaufbautraining verfolgt als vierter Mesozyklus das Ziel die Muskulatur an den Gelenkstrukturen, an denen die Schmerzen der Testperson auftreten, besonders zu stärken, um damit für eine Verbesserung der Gelenkstabilisierung zu sorgen. Zudem wird durch den Aufbau von Muskelmasse eine Steigerung des Grundumsatzes angenommen, was das zu erreichende Ziel der Gewichtsreduktion fördert (Owen, 1988; Pratley et al., 1994; Zimmermann, 2002). In diesem Mesozyklus wird die Satzpausenzeit von 60 Sekunden eingehalten, um der Testperson aufgrund der höheren Trainingsgewichte ausreichend Zeit zur Regeneration zu verschaffen.

3.2 Das Ziel des Makrozyklus

Mit dem hier dargestellten Makrozyklus wird das Ziel verfolgt, die Testperson als Trainingsbeginner vom Kraftausdauertraining bis zum Muskelaufbautraining progressiv hinzuführen. Dazu wird der Ist-Zustand anhand des Mehrwiederholungskrafttests ermittelt. Anschließend soll über die Mesozyklen eine körperliche Anpassung an die Trainingsreize durch Steigerung der Trainingsintensität stattfinden, indem die Wiederholungsanzahl verringert und die Trainingsgewichte erhöht werden.

Zusammenfassend soll damit in den 6 Monaten eine Gewichtsreduktion von 6 Kilogramm durch den Verlust an Körperfett, eine Schmerzlinderung des Rückens und der Schultern sowie eine Senkung des erhöhten Blutdrucks erzielt werden.

4 Trainingsplanung Mesozyklus

Tab.5: Mesozyklus 1 (eigene Darstellung)

Mesozyklus:	6 Wochen
Trainingsziel:	Kraftausdauer
Einheiten/Woche:	2
Organisationsform:	GK/Station
Übungen/Muskelgruppe:	1-2
Sätze/Übung:	2
Bewegungstempo:	2 – 0 –2
Satzpausen:	45 sek.

Tab.6: Mesozyklus 1 – Übungen (eigene Darstellung)

Übungen	Wdh.	Intens. Wo. 1	Intens. Wo. 2	Intens. Wo. 3	Intens. Wo. 4	Intens. Wo. 5	Intens. Wo. 6
		50% ILB	50% ILB	55% ILB	55% ILB	60% ILB	60% ILB
Beinpresse	20	40 kg	40 kg	45 kg	45 kg	50 kg	50 kg
Beinbeuger	20	17,5 kg	17,5 kg	20 kg	20 kg	22,5 kg	22,5 kg
Rudern	20	20 kg	20 kg	22,5 kg	22,5 kg	25 kg	25 kg
Brustpresse	20	25 kg	25 kg	27,5 kg	27,5 kg	30 kg	30 kg
Bauchpresse	20	12,5 kg	12,5 kg	12,5 kg	12,5 kg	15 kg	15 kg
Butterfly reverse sitzend	20	15 kg	15 kg	17,5 kg	17,5 kg	20 kg	20 kg
Außenrotation am Kabelzug	20	5 kg	5 kg	5 kg	5 kg	7,5 kg	7,5 kg

Die erste Woche des ersten Mesozyklus startet mit 50% des im Krafttest ermittelten Testergebnisses nach der Individuellen-Leistungsbild-Methode. Diese Intensität des Trainingsgewichtes ist nach der ILB-Methode sehr gut für Trainingsbeginner geeignet.

In den sechs Wochen des Mesozyklus 1 wird jede zweite Woche das Trainingsgewicht um 5% erhöht. Die Intensitäten wurden bei der Berechnung des Trainingsgewichtes, unter der Annahme, dass eine Veränderung des Gewichtes um 2,5 Kilogramm möglich ist, auf- und abgerundet.

Es wird ein gerätegestütztes Krafttraining an Maschinen absolviert, da die Testperson noch kaum Trainingserfahrung hat und ihr somit der Trainingseinstieg erleichtert wird. Zudem ist an den Maschinen kaum Handlungsspielraum für eine unkorrekte Bewegungsausführung, sodass die Entstehung von Fehlerbildern und die Verletzungsgefahr minimiert wird.

Die Testperson trainiert nach einem Ganzkörpertrainingsplan in Form von Stationen. Es wurden 1 bis 2 Übungen pro Muskelgruppe gewählt. Bei jeder Übung werden 2 Sätze durchgeführt. Zwischen den Sätzen hat die Testperson 45 Sekunden Pause, um sich zu regenerieren und auf den nächsten Satz vorzubereiten. Der Schwerpunkt liegt auf der Kräftigung der Rumpfmuskulatur, um das individuelle Ziel der Schmerzreduktion und eine Verbesserung des Gesundheitszustandes zu erreichen.

Vor Beginn jeder Trainingseinheit wird ein allgemeines und anschließend ein spezifisches Warm-Up absolviert. Das spezifische Aufwärmen wird in Form eines Vorbereitungssatzes von 10 Wiederholungen am jeweiligen Trainingsgerät mit 50% des Arbeitsgewichtes im ersten Trainingssatz durchgeführt.

4.1 Auswahl der Krafttrainingsübungen

4.1.1 Beinpresse

Der Trainingsplan startet mit der Beinpresse sitzend im 45° Winkel, um mit einer komplexen und sehr intensiven Übung zu starten, bei der die Testperson sowohl physisch als auch psychisch nicht vorermüdet ist und die volle Leistung erbringen kann. Hierbei werden besonders die großen Muskelgruppen der unteren Extremitäten beansprucht. Dazu gehören der m. quadrizeps femoris, der m. bizeps femoris und der m. glutaeus maximus. Mit dieser Krafttrainingsübung wird das Ziel verfolgt, die Muskulatur entgegen des vielen Sitzens im Alltag der Testperson zu belasten und eventuell entstehenden Problemen im Hüft- und Kniegelenk, die durch das lange Sitzen ständig in gebeugter Haltung sind, entgegen zu wirken. Dies wird vor allem durch die Streckung in der exzentrischen Bewegungsausführung begünstigt.

4.1.2 Beinbeuger

Nach der Beinpresse folgt der Beinbeuger sitzend am Gerät. Hierbei wird besonders die Oberschenkelrückseite und damit die ischiocrurale Muskulatur trainiert, die für eine Beugung im Kniegelenk und auch für eine Streckung im Hüftgelenk zuständig sind. Dabei werden vor allem der m. bizeps femoris, der m. semitendinosus und der m. semimembranosus beansprucht.

Im Gegenzug zur sitzenden Haltung im Alltag wird hier durch das Training der ischiocruralen Muskulatur eine Streckung im Hüftgelenk begünstigt und so eine muskuläre Dysbalance verringert.

4.1.3 Rudern sitzend

Mit der Übung Rudern sitzend am Gerät werden besonders der m. latissimus dorsi, der m. rhomboideus und der m. trapezius pars transversa beansprucht. Diese rückenkräftigenden Muskeln sorgen dafür, dass die Schultern zurückgezogen werden und führen somit zu einer aufrechten Körperhaltung. Durch das leichte nach hinten lehnen am Ende der konzentrischen Phase, findet eine Extension in der Wirbelsäule statt, welche durch den m. erector spinae als Rückenstrecker ausgeführt wird. Damit erweist sich das Rudern am Gerät als besonders wichtige Kraftübung für die Testperson, um die Rückenmuskulatur zu stärken und für eine aufrechte Körperhaltung zu sorgen.

4.1.4 Brustpresse

Um die Brustmuskulatur als große Muskelgruppe des Oberkörpers zu trainieren wurde die Brustpresse sitzend am Gerät gewählt. Die Brustpresse trainiert primär den m. pectoralis major. Zudem wird auch der vordere Anteil der Schultermuskulatur, also der m. deltoideus pars clavicularis trainiert, welcher zur Stärkung der Schulter der Testperson beiträgt. Durch die hohe Spannung der Bauchmuskulatur, die beim Ausführen der Übung erzeugt werden soll, wird zudem der Rumpfbereich gestärkt.

4.1.5 Bauchpresse

Zur Stärkung der Rumpfmuskulatur und als Regenerationsphase für die Rückenmuskulatur, wird die Bauchpresse am Gerät in den Trainingsplan miteinbezogen. Damit wird der m. rectus abdominis trainiert. Um die Beweglichkeit und Stabilität der Rumpfmuskulatur zu fördern, sollte besonders darauf geachtet werden, in der kompletten Bewegungsamplitude zu trainieren, um die ventrale Muskelkette im Oberkörper zu denen, was wiederum einer entstehenden Fehlhaltung durch das lange Sitzen entgegenwirkt.

4.1.6 Butterfly reverse sitzend

Die Übung Butterfly reverse sitzend wird als vorletzte Übung eingeplant, um ergänzend zum Rudern am Gerät die obere Rückenmuskulatur zu beanspruchen. Besonders trainiert werden hier der m. trapezius und der m. deltoideus pars spinalis als hinterer Anteil der Schultermuskulatur, welcher die Schultern zurückzieht und so eine bessere Körperhaltung fördert. Durch den Schwerpunkt auf die obere Rückenmuskulatur soll hiermit eine Stabilisierung der Wirbelsäule und damit einhergehend eine Verminderung der Rückenschmerzen der Testperson bewirkt werden.

Als für die großen Muskelgruppen abschließende Übung stellt diese eine körperöffnende Übung dar, was sich entgegen einer dauerhaften Fehlhaltung besonders bei langem Sitzen im beruflichen Alltag als vorteilhaft ausweist.

4.1.7 Außenrotation am Kabelzug

Nach Beendigung der Übungen für die großen Muskelgruppen wird als letzte Übung die Außenrotation am Kabelzug für die Rotatorenmanschette durchgeführt. Die primäre muskuläre Stabilisierung des Schultergelenks erfolgt durch die Rotatorenmanschette, bestehend aus dem m. supraspinatus, dem m. infraspinatus, dem m. teres minor und dem m.

subscapularis. Mit dieser Übung wird somit eine Stabilisierungsübung für das Schulter-
gelenk eingeplant, indem die Rotatorenmanschette gestärkt wird, wodurch die Schulterschmerzen reduziert werden sollen.

5 Literaturrecherche

5.1 Studie 1

Tab.7: Effekte maschinengestützten Krafttrainings in der Behandlung chronischen Rückenschmerzes

Studie 1	
Wer hat die Studie durchgeführt?	Stephan, A., Goebel, S., Schmidtbleicher, D.
Publikationsjahr	2011
Forschungsfrage	Wie wirkt sich maschinengestütztes Krafttraining in der Behandlung von chronischen Rückenschmerzen im Anfangsstadium aus?
Versuchspersonen	Von 18.167 Bewerbern wurden 488 Teilnehmer ausgelost. Diese wurden randomisiert in Trainings- und Kontrollgruppe im Verhältnis von 3:1 aufgeteilt. Anschließend an die Prüfung auf ausgewählte Einschlusskriterien zur Teilstudie „Chronischer Rückenschmerz", die 96 Teilnehmer ergab, wurde eine Kontrollgruppe aus 16 Teilnehmern in 16 Einrichtungen und eine Trainingsgruppe aus 80 Teilnehmern in 57 Einrichtungen gebildet. 22 Teilnehmer aus der Trainingsgruppe haben die Studie vorzeitig abgebrochen. Zu den Einschlusskriterien gehörten Rückenschmerzen, die seit mehr als 12 Wochen präsent waren, mindestens zwei pro Jahr auftretende Schmerzschübe seit mindestens 2 Jahren, chronische Rückenschmerzen ersten sowie zweiten Grades als auch eine ärztliche Zustimmung zum selbstständigen Krafttraining.
Versuchsaufbau	In dieser Studie haben die Personen aus der Trainingsgruppe mit chronischen Rückenschmerzen im Anfangsstadium ein apparatives Krafttraining für 6 Monate durchgeführt, um die Wirkung im Vergleich zu der Kontrollgruppe zu untersuchen, die innerhalb der 6 Monate kein Krafttraining absolviert hat. Die Trainingsgruppe hat über 6 Monate 6-mal im Monat ein progressives hypertrophieorientiertes Krafttraining mit einer Trainingsdauer von 30 Minu-

	ten durchgeführt, mit dem Ziel die Rumpfmuskulatur zu stärken. Mit Hilfe von Schmerzskalen wurde nach 3 und 6 Monaten Schmerz und Beeinträchtigung nach subjektivem Empfinden der Testpersonen gemessen.
Ergebnisse	Nach Abschluss des Trainingszeitraums waren 20 Personen der Trainingsgruppe schmerzfrei, während in der Kontrollgruppe 6 Personen schmerzfrei wurden. Die mittlere Schmerzstärke hat sich nach den 6 Monaten in der Trainingsgruppe um 38% und in der Kontrollgruppe um 26% reduziert.
Schlussfolgerungen	Schlussfolgernd hat die Studie gezeigt, dass maschinengestütztes Krafttraining sich deutlich als effiziente Möglichkeit erweist, um das Beschwerdebild von chronischen Rückenschmerzen im Anfangsstadium zu reduzieren.

5.2 Studie 2

Tab.8: Krafttrainingstherapie bei männlichen Polizeibeamten mit chronischen lumbalen Rückenschmerzen

Studie 2	
Wer hat die Studie durchgeführt?	Kirchhoff, D., Kopf, S., Böckelmann, I.
Publikationsjahr	2015
Forschungsfrage	Wie wirken sich psychologisch-pädagogische Interventionen zusätzlich zu einer geräteunterstützenden Krafttrainingstherapie im Vergleich mit einer isolierten geräteunterstützten Krafttrainingstherapie bei Patienten mit chronischen Rückenschmerzen aus?
Versuchspersonen	An dieser Studie haben 64 männliche Polizeibeamte mit chronischen lumbalen Rückenschmerzen im Durchschnittsalter von 47 Jahren teilgenommen. Diese wurden in zwei Gruppen aufgeteilt, eine Kontrollgruppe mit 32 Patienten, die eine geräteunterstützte Krafttrainingstherapie durchführten und eine Experimentalgruppe mit ebenfalls 32 Patienten, die zusätzlich noch psychologisch-pädagogische Interventionen durchführten. Bei der Analyse der biometrischen Daten vor der Therapie beider Gruppen wurden keine signifikanten Unterschiede festgestellt. Zu den Einschlusskriterien für beide Untersuchungsgruppen gehörten chronisch rezidivierende Rückenschmerzen mit einer Beschwerdedauer von

	mehr als 3 Monaten, Dekonditionierung der wirbelsäulenstabilisierenden Muskulatur und fortgeschrittene chronische Rückenschmerzen ersten und zweiten Grades.
Versuchsaufbau	Die Krafttrainingstherapie dieser Studie umfasste 24 Therapieeinheiten, die in 3 Therapiephasen aufgeteilt waren. Die 32 Patienten der Kontrollgruppe erhielten 24 isolierte Krafttrainingstherapien und die 32 Patienten der Experimentalgruppe erhielten zusätzlich psychologisch-pädagogische Interventionen. In der ersten Trainingsphase mit 6 Therapieeinheiten wurde dynamisches Krafttraining der Rumpfmuskulatur mit dem Ziel, die korrekte Bewegungsausführung der Trainingsübung zu erlernen und zu üben, durchgeführt. In der zweiten Therapiephase, die die 7. bis 18. Therapieeinheit enthielt, wurde die Trainingsintensität gesteigert, indem das Trainingsgewicht in jeder Einheit erhöht wurde. Das Ziel war eine Maximalkraftsteigerung durch Verbesserung der neuromuskulären Aktivierung. In der dritten Therapiephase, die aus der 19. bis zur 24. Therapieeinheit bestand, sollte mit jedem Trainingssatz bis zur erschöpfenden Stimulierung der wirbelsäulenstabilisierenden Muskulatur trainiert werden. Dazu wurde das Trainingsgewicht in jeder Einheit erhöht. Als Ziel der dritten Therapiephase galt es, eine Maximalkraftsteigerung durch Vergrößerung des Muskelquerschnitts zu erreichen. In den 24 Therapieeinheiten der Experimentalgruppe wurden verhaltenstherapeutische bzw. behaviorale Methoden im Sinne von Patientenedukationen, die motivierende Gesprächsführung, die Konfrontation mit angstauslösenden Situationen und die Vereinbarung von Therapiezielen eingesetzt, um damit eine Modifikation des Verhaltens der Patienten zu erreichen, die sich auf die Bereitschaft auswirken sollte, körperliche Übungen zu wagen und den Alltag aktiver zu gestalten.
Ergebnisse	Die Evaluation während der Therapie ergab, dass sich die Patienten beider Gruppen hinsichtlich der Kraft der Rumpfmuskulatur deutlich verbesserten, das Angst-Vermeidungsverhalten abnahm und sich die lumbale Schmerzintensität reduzierte. Nach der Therapie war die Experimentalgruppe jedoch signifikant besser als die Kontrollgruppe.

Schlussfolgerungen	Eine gerätegestützte Krafttrainingstherapie der Rumpfmuskulatur erweist sich als effektive Methode, um die Beschwerden von Patienten mit chronischen lumbalen Rückenschmerzen zu reduzieren. Zusätzliche gezielte psychologisch-pädagogische Interventionen können zudem diesen positiven Effekt signifikant verbessern.

6 Literaturverzeichnis

Eisenhut, A. & Zintl, F. (2013). *Ausdauertraining. Grundlagen, Methoden, Trainings-steuerung* (Sportwissen, 8. Aufl.). München: BLV.

Graves, J. E. & Franklin, B. A. (2001). *Resistance training for health and rehabilita-tion.* Champaign, Ill: Human Kinetics.

Grosser, M., Brüggemann, P. & Zintl, F. (1986). *Leistungssteuerung in Training und Wettkampf.* München: BLV.

Kirchhoff, D., Kopf, S., Böckelmann, I., (2015), Krafttrainingstherapie bei männlichen Polizeibeamten mit chronischen lumbalen Rückenschmerzen. *Zentralblatt für Ar-beitsmedizin,* Arbeitsschutz und Ergonomie, Vol. 66, Seite 10-19.

Owen, O. (1988). *Resting metabolic requirements of men and women.* Mayo Clinic proceedings, 63, 503–510.

Pratley, R., Nicklas, B., Rubin, M., Miller, J., Smith, A., Smith, M. et al. (1994). Strength training increases resting metabolic rate and norepinephrine levels in healthy 50-to-60-year men. *Journal of Applied Physiology,* 76 (1), 133–137.

Stephan, A., Goebel, S., Schmitdbleicher, D. (2011), Effekte maschinengestützten Krafttrainings in der Behandlung chronischen Rückenschmerzes. *Deutsche Zeit-schrift für Sportmedizin.* Jahrgang 62, Nr. 3 Seite 69-74.

Wiemann, K. & Kamphöfner, M. (1995). Verhindert statisches Dehnen das Auftreten von Muskelkater nach exzentrischem Training? *Deutsche Zeitschrift für Sportmedi-zin,* 46, 411–421.

Wirth, K., Aatzor, K. R. & Schmidtbleicher, D. (2007). Veränderungen der Muskel-masse in Abhängigkeit von Trainingshäufigkeit und Leistungsniveau. *Deutsche Zeit-schrift für Sportmedizin,* 58 (6), 178–183.

Zimmermann, K. (2002). *Gesundheitsorientiertes Muskelkrafttraining. Theorie, Empi-rie, Praxisorientierung* (Beiträge zur Lehre und Forschung im Sport, Bd. 127, 2., un-veränd. Aufl). Schorndorf: Hofmann.

7 Tabellenverzeichnis